UN

ÉLECTEUR-CULTIVATEUR

DES BORDS DE LA BIÈVRE,

À

M. LE RÉDACTEUR EN CHEF DU CONSTITUTIONNEL.

UN

ÉLECTEUR-CULTIVATEUR

DES BORDS DE LA BIÈVRE,

A

M. LE RÉDACTEUR EN CHEF DU CONSTITUTIONNEL.

———

A PARIS,

CHEZ L'HUILLIER, LIBRAIRE, RUE DAUPHINE, N° 36.

———

1824,

IMPRIMERIE DE SÉTIER,
Cour des Fontaines, N° 7.

UN

ÉLECTEUR-CULTIVATEUR

DES BORDS DE LA BIÈVRE,

A

M. LE RÉDACTEUR EN CHEF DU CONSTITUTIONNEL.

Bièvre, le 13 février 1824.

MONSIEUR,

Habitant un département voisin de celui de Paris, et où, par conséquent, on lit votre feuille presque aussitôt que vos abonnés de la Seine, je jouis de pouvoir déjà vous écrire que vos numéros de ces jours derniers, et notamment celui d'avant-hier, qui renferment des articles sur les prétentions et la conduite des adversaires de notre système représentatif, ont fait une vive impression sur nos électeurs campagnards.

Grâce à la clarté de ces articles, qui les met à la portée des intelligences les plus communes, nous y avons tous vu des réponses victorieuses aux perpétuelles clabauderies de nos antagonistes ; appelons les gens par leur nom, des aristocrates, puisqu'ils revendiquent ce titre. Je dis nos antagonistes ; car nous ne sommes pas moins constitutionnels que vous, nous autres cultivateurs, que ces messieurs, dans leur bon vieux temps, qu'ils s'efforcent de faire revenir, envoyaient aux galères pour avoir tué un de leurs milliers de lapins qui dévoraient le fruit de nos sueurs, destiné à la nourriture de nos familles...... Mais la Charte commande l'oubli du passé. Je reviens à vos réflexions sur le présent.

Comme vous l'observez fort bien, M. le rédacteur, quoi de plus ridicule que de les entendre crier sans cesse que la France marche avec eux, lorsque, dix ans après la restauration, il devient de plus en plus nécessaire, pour leur assurer les voix dans des collèges électoraux abâtardis, que des ministres, comme dans ce bon vieux temps, leurs protecteurs et protégés (1), emploient toutes sortes de manœuvres en leur faveur; manœuvres tellement blamâbles, que M. de Châteaubriant, avant d'être ministre, ainsi que vous le rap-

---

(1) « Je viens de dire que l'aristocratie est le pire de tous les gouver-
» nemens, et je crois que je n'ai pas besoin de le prouver; mais il y a
» encore une bien grande différence entre une aristocratie sous un mo-
» narque et une aristocratie pure et simple. Dans une aristocratie pure
» et simple les nobles sont obligés d'être modérés, parce qu'ils sont
» sans cesse environnés du peuple, et que, de plus, le désir de mainte-
» nir l'égalité entre eux, et d'empêcher qu'aucun ne prédomine, les
» porte à se surveiller et à se contenir les uns les autres; mais dans une
» aristocratie sous un monarque, les choses se passent bien différem-
» ment. Comme tout s'y fait au nom du prince, les abus sont sans me-
» sure, parce que ce n'est jamais que le prince qui est responsable au
» peuple; parce qu'ainsi les aristocrates, qui ont intérêt à ce que les
» abus croissent et s'étendent à leur profit, ne sont arrêtés par aucune
» considération dans leurs démarches. On a beaucoup crié contre le des-
» potisme ministériel; mais, depuis long-temps, que sont les ministres
» en France? Pas autre chose que les serviteurs des aristocrates qui
» environnent le trône, maintenus tant qu'ils sont serviteurs dociles,
» expulsés sitôt qu'ils s'avisent de vouloir autrement, non pas que le
» roi, mais que la cour. Il serait bien temps de ne plus prendre le
» change, et, tandis qu'on s'occupe de détruire l'effet, de se délivrer
» de la cause qui le produit. »

*(Extrait du discours prononcé à l'assemblée des députés des com-
munes, le 15 juin 1789, par M. Bergasse, qui depuis............
mais alors il était vertueux.)*

pelez encore, fort à propos, les qualifia par cette expression : *filouter* une majorité ; qualification assez applicable dès lors, il faut en convenir ; mais que les défunts ministres, traités ici en vrais *vilains*, pourraient, à bien plus juste titre, retorquer aujourd'hui contre leurs *nobles* successeurs.

Grande et illustre nation française ! que sont devenus ces temps mémorables que ton vieil électeur de 89, honoré alors de toute la confiance de ses compatriotes, ne peut se rappeler sans attendrissement ; où, non quelques milliers, mais plusieurs millions de tes citoyens, se réunissaient de plein droit, dans leurs assemblées diverses, pour nommer leurs magistrats, sans que les gouvernans, pour se maintenir en place, eussent besoin d'y influencer les choix ni d'y maintenir l'ordre, tant il y régnait d'accord et de liberté ? Ah ! puisque la Providence t'a rendu les petits-fils de Henri IV, que ne t'a-t-elle ramené avec eux un Sully ! Les circonstances étaient si critiques, et, dans les troubles civils, les rois sont si faciles à tromper (l'auguste Prince qui occupe le trône, a eu la grandeur d'âme d'en convenir), qu'il ne te fallait pas moins qu'un homme de cette vertu pour t'aider à réconcilier chez toi les esprits et les cœurs. Tu n'aurais pas eu à supporter cette honteuse hérédité ministrielle qui entretient la haine et les dissentions parmi tes enfans, diminue tes moyens et tes forces, et te rend la risée de l'Europe : risée dont celle-ci, en attendant mieux, prolongera d'autant plus volontiers la jouissance, qu'elle la venge, sans frais pour sa sainte-alliance, du souvenir amer que la première et la plus grande humiliation que tu lui as fait éprouver, date précisément de ces saints jours d'union et d'énergie nationale, où, avec des armées d'adolescens, tu l'a forcée à reconnaître ton indépendance et ta nouvelle Constitution.

Et ce sont des gouvernans qui se disent Français par excellence, qui, au moyen de préventions et de persécutions contre quiconque a vu, à ces grandes époques, la patrie avant tout, prêtent les mains à de pareils ressentimens de l'étranger envers leur pays !

Et cependant, entendez ces ministres ! la Charte n'a pas d'amis plus sincères ni de meilleurs défenseurs qu'eux ; et ils n'hésitent jamais à traiter de factieux, ou de révolutionnaires, tout homme libre qui en doute ou ne les applaudit pas. On ne sait vraiment ce qu'on doit admirer d'avantage, de leur audace ou de leur hypocrisie. Qui ne se rappelle, en effet. que cette œuvre royale dit : « la vente des biens nationaux est *irrévocable* » et que M. de Villèle a écrit « que faire de l'*irrévocabilité* de la vente des biens nationaux un article fondamental de notre constitution, *c'est bien réellement consacrer une injustice.*» Écrit qu'il termine par cette proposition qui explique clairement sa conduite ministérielle : *revenons* à la constitution de nos pères, à celle qui rendit la France heureuse et florissante si long-temps. — Les parties de notre ancienne organisation, nous coûteront moins à réparer que les nouvelles institutions ne coûteraient à établir. »

Chacun assurément peut avoir sa manière de penser sur notre pacte fondamental ; mais est-il fatalité plus fâcheuse que le président du ministère chargé de le faire exécuter ait émis une pareille opinion ? Voyons ce qu'en disent ses collègues.

Dans les actes patens seulement, de l'administration de M. de Corbière, dont je ne rappelerai ici que sa récente circulaire au préfet de la Côte-d'Or, sur les élections, et sa fameuse exclamation à la tribune nationale : *je ne crains pas la contre-révolution, moi,* peut-on voir autre chose qu'une annonce formelle de faire chorus avec son président, son ami, pour le retour à l'ancien régime ? Comment croire à l'attachement ou seulement au respect de M. de Peyronnet pour le gouvernement représentatif, lorsqu'entre autres de ses actes aussi, l'on se rappelle cette séance orageuse de la chambre des députés, où ce chef de la magistrature se précipita, avec colère, à cette même tribune nationale, pour gourmander de respectables vétérans de nos diverses assemblées législatives qui prenaient la défense du régime constitutionnel, et leur dire d'un ton et d'un geste qui siéent mal à la simare, qu'ils n'y entendaient rien et qu'ils allassent l'étudier. Certes, si sa grandeur prétend aussi avoir donné, par sa circulaire aux procureurs généraux sur les élections, un échantillon de la manière dont elle conçoit ce régime, à nous permis, sans doute, de nous plaindre et de gémir sur la France d'avoir un ministre qui interprète aussi misérablement son pacte fondamental que le Monarque, son auguste auteur, a déclaré être son plus beau titre de gloire aux yeux de ses sujets.

Il est bien un quatrième ministre dont les professions de foi politiques antérieures à son admission au pouvoir devraient nous rassurer sur le mauvais effet des opinions et de la conduite de ses collègues; mais voilà qu'une grave accusation plane sur sa tête. C'est ce même M. Châteaubriant que vous citez si honorablement depuis quelques jours. Quoique naturellement lié au parti aristocratique, il a su du moins, lui, s'élever, dans de grandes circonstances, au-dessus des intérêts de coteries et faire preuve d'impartialité. Vous venez d'en rapporter de beaux traits assurément; mais je ne me rappelle pas d'avoir encore vu exposer en public, dans ces derniers temps, les deux énergiques peintures qu'il a faites de la France avant 1789 et de celle de 1814, avant la restauration, tableaux véritablement dignes de l'histoire.

Dans ce moment où les hommes de l'ancien et du nouveau régime sont aux prises pour faire triompher leurs candidats respectifs dans les colléges électoraux, je crois qu'il pourrait être utile à beaucoup d'électeurs, qui trop jeunes pour avoir vu le premier de ces régimes, le sont aussi pour bien apprécier le second, d'avoir ces tableaux caractéristiques sous les yeux. Ils ne peuvent qu'éclairer leur conscience, seul mobile qui devrait être mis en jeu dans l'élection des mandataires d'un peuple libre. Le seul qu'il eût été bien à désirer de voir employer dans l'agitation actuelle des esprits, pour faire connaître au Monarque le vrai vœu de la France; autant toutefois que puisse l'émettre l'extrême petit nombre de Français appellés à voter, et qui se trouve avec cela composé d'hommes ennemis avoués de nos institutions nationales, celles mêmes garanties par la Charte, et de fonctionnaires publics dont les plus timides, abandonnés à leur conscience, craindraient encore d'en faire usage, en nommant des hommes qui pourraient ne pas plaire au gouvernement; situation délicate et pénible, que l'Angleterre a sagement épargnée chez elle aux agens de la couronne, en les déclarant inhabiles à vôter: déclaration que notre ministère actuel ne proposera de sitôt aux chambres, à ce qu'il paraît. Quoiqu'il en arrive, dans l'intérêt de mon pays, voici, M. le rédacteur, les deux tableaux de M. de Châteaubriant, qui me paraissent vous avoir échappé.

Afin de suivre l'ordre chonologique, je commence par la peinture de la monarchie avant 1789.

» Tandis que le peuple perdait rapidement ses mœurs et « son ignorance, la cour, sourde au bruit d'une vaste mo- » narchie qui commençait à rouler au bas de l'abîme où nous » venons de la voir disparaître, se plongeait plus que jamais » dans les vices et dans le despotisme. Au lieu d'élargir ses » plaies, d'élever ses pensées, d'épurer sa morale en progres- » sion relative à l'accroissement des lumières, elle rétrécis- » sait ses petits préjugés, ne savait se soumettre à la force » des choses, ni s'y opposer avec vigueur. Cette misérable » politique qui fait qu'un gouvernement se resserre, quand » l'esprit public s'étend, est remarquable dans toute les révo- » lutions; c'est vouloir inscrire un grand cercle dans une pe- » tite circonférence, à voir ainsi le monarque endormi dans » la volupté, des courtisans corrompus, des ministres méchants » ou imbécilles, le peuple perdant ses mœurs, les philosophes, » les uns sapant la religion, les autres l'État; des nobles ou » ignorants ou atteints des vices du jour; des ecclésiastiques, à

» Paris, la honte de leur ordre, dans les provinces, pleins de
» préjugés, on eût dit une foule de manœuvres s'empressant à
» démolir un grand édifice. » (*Essai historique, politique et
moral sur les révolutions.*)

Si ce premier tableau, peint par M. de Châteaubriant, à
Londres en 1796, hors de toute influence révolutionnaire, ce
qui doit en écarter toute idée de suspicion, eût été exposé à
tous les yeux depuis lors, il aurait bien évité des disputes sur
les causes et la nécessité de la révolution française; et on doit
d'autant plus avoir confiance ici en M. de Châteaubriant,
qu'il connaissait bien ce.te cour dont il parle, puisqu'il fut
admis, dit-on, à l'honneur insigne de monter dans les carosses
du Roi. C'est donc un tableau d'après nature qu'il nous donne.
Voici maintenant le second acte de loyauté civique du noble
peintre :

« Il est certain que nous sommes (en 1814) moins frivoles,
» plus naturels, plus simples; que chacun est plus soi, moins
» ressemblant à son voisin. Nos jeunes gens, nourris dans les
» camps ou dans la solitude, ont quelque chose de mâle ou
» d'original qu'ils n'avaient point autrefois. La religion dans
» ceux qui la pratiquent, n'est plus une affaire d'habitude,
» mais le résultat d'une conviction forte; la morale, quand elle
» a survécu dans les cœurs, n'est plus le fruit d'une instruction
» domestique, mais l'enseignement d'une raison éclairée. Les
» plus grands intérêts ont occupé les esprits; le monde entier
» a passé devant nous. Autre chose est de défendre sa vie, de
» voir tomber et s'elever les trônes, ou d'avoir pour unique
» entretien une intrigue de cour, une promenade au bois de
» boulogne, une nouvelle littéraire. Nous ne voulons peut-
» être pas l'avouer; mais au fond ne sentons-nous pas que les
» Français sont plus hommes qu'ils ne l'étaient il y a trente
» ou quarante ans? A quel bon marché on acquérait alors une
» réputation dans les lettres, dans la politique, dans le mili-
» taire! Quels singuliers titres de renommée, et combien ceux

» qui les possédaient, nous paraîtraient aujourd'hui médiocres,
» pour ne rien dire de plus ! Sous d'autres rapports, pourquoi
» nous dissimuler que les sciences exactes, l'agriculture, et
» les manufactures ont fait d'immenses progrès ? Ne mécon-
» naissons pas les changemens qui peuvent être à notre avan-
» tage : nous les avons payés assez cher.

» Cessons donc de nous calomnier; de dire que nous n'en-
» tendons rien à la liberté : nous entendons tout, nous sommes
» propres à tout, nous comprenons tout. En lui témoignant
» de la considération et de la confiance, cette nation s'élèvera
» à tous les genres de mérite. N'a-t-elle pas montré ce qu'elle
» peut être dans les momens d'épreuve ? soyons fiers d'être
» Français ! »   (*Réflexions politiques.*)

Prôneurs de l'ancien régime, calomniateurs de la révolution, vicomte de Bonald, abbé de la Mennais et tous vos pareils, vous l'entendez ! C'est votre oracle qui prononce; il n'y
a pas ici d'ambiguïté. Superbes ! humiliez-vous donc, et con-
vertissez-vous. Après ces deux sentences foudroyantes, pour-
riez-vous encore espérer en imposer au peuple sur les pré-
tendus avantages de son gouvernement de 89, et méconnaître
ceux bien réels dont il a joui depuis lors, et que vos atteintes
portés à la Charte royale, qui devait les lui conserver, ont
déjà tant réduits ?

Vous conviendrez aisément, M. le rédacteur, que ces deux
morceaux des ouvrages de M. de Châteaubriant ne sont pas
moins dignes d'être produits en public que ce que vous avez
cité de lui jusqu'à présent, comme pour le mettre en oppo-
sition de sentimens et d'intention avec ses collègues si peu d'accord avec la Charte. Eh bien ! il est un troisième écrit que je dois
me plaire d'autant plus à vous communiquer que l'auteur l'a fait
de l'avis, et sous les yeux du Monarque lui-même; du moins
S. M. lui a fait l'honneur inouï de le recommander à l'admira-
tion de ses sujets, comme contenant les vrais principes de sa
monarchie : pour quoi, sans doute, cette œuvre royalement

privilégiée a pu voir inscrit sur son frontispice : *De la Monar-chie selon la Charte*. Il semble vraiment que ce tableau-ci est produit de Dieu et de grâce en ce moment pour confondre des ministres qui oseraient projeter de proposer aux Chambres, comme on nous en menace, une nouvelle atteinte à cette Charte et à cette monarchie, en substituant la *septennalité* à l'élection annuelle et partielle de nos représentans. Voici ce troisième tableau :

« La monarchie représentative peut n'être pas parfaite; mais
» elle a des avantages incontestables. Y a-t-il guerre au dehors,
» agitation au dedans ? elle se change en une espèce de dicta-
» ture par la suspension de certaines lois. Une Chambre est-
» elle factieuse ? elle est arrêtée par l'autre ou dissoute par le
» Roi. Le temps fait-il monter sur le trône un prince ennemi
» de la liberté publique ? les Chambres préviennent l'invasion
» de la tyrannie. Quel gouvernement peut imposer des taxes
» plus pesantes, lever un plus grand nombre de soldats ? Les
» lettres et les arts fleurissent particulièrement sous cette mo-
» narchie. Qu'un Roi meure dans un empire despotique, les
» travaux qu'il a commencés sont interrompus; avec des
» Chambres toujours vivantes, SANS CESSE RENOUVELLÉES, rien
» n'est jamais abandonné. » (Chapitre XCII, page 84.)

Comment, malgré cette illustre et noble garantie, a-t-on osé publier, comme l'ont fait les journaux ultra-royalistes et ministériels, que M. de Châteaubriant était l'auteur du projet de septennalité ? Si ce n'était de la part du parti une ruse pour compromettre le ministre, c'était faire de lui, aux yeux du peuple, le plus versatile et le plus méprisable des hommes, et un ingrat, j'allais presque dire un traître, envers son Roi, qui lui a donné une double marque d'estime et de confiance, en adoptant son ouvrage et admettant sa personne parmi ses plus intimes conseillers. Mais écartons cette affligeante idée : la pièce qu'on lui impute, quoique marquée de son cachet, dit-on, n'est pas signée de lui, ce qu'il n'hésite pas à faire, comme on l'a vu dans les grandes circonstances, et passons au véritable motif qui m'a fait quitter momentanément mes travaux champêtres pour proposer une mesure que me suggèrent la crise électorale où nous nous trouvons, et un ardent amour de mon pays et de mes semblables.

Et d'abord, quel est le citoyen étranger à tous nos débats, s'il peut toutefois y en avoir parmi les Français, qui ne gémisse sur l'animosité et la haine que se témoignent les deux partis qui composent les corps électoraux, et qui vont s'y rassembler incessamment? Qui peut espérer, d'après tous les honteux moyens employés pour y dominer, voir naître, de ces rassemblemens, une majorité de choix, digne de la confiance unanime de la nation, lorsque chacun de ces partis se targue qu'elle marche avec lui? Eh bien! considérons ces corps électoraux comme une famille en querelle (et ce n'est malheureusement pas ici une fiction). agissons comme on agit en pareil cas, et quand les choses sont portées à l'extrémité, (car j'avoue pour mon compte que je tiendrai jusqu'à la mort au parti constitutionnel) récusons-nous et que des arbitres viennent juger notre différent. Le noble ministre à qui je m'adresse, m'offre, dans son troisième tableau que je viens d'exposer, un trait de lumière que je saisis avec empressement : il nous remet sous les yeux, que, notre Monarchie représentative, en cas *d'agitation au-dedans*, donne au Monarque le moyen de sauver l'Etat en s'emparant d'une espèce de dictature. Eh bien, dis-je, que Sa Majesté, pour cette année seulement, suspende l'exercice du droit des quatre-vingt mille électeurs qui composent les corps électoraux d'aujourd'hui, et qu'elle appelle pareil nombre des individus qui nous suivent immédiatement sur les rôles des contribuables, pour procéder exclusivement à l'élection nouvelle. Ces hommes ne s'étant pas trouvés en présence depuis 25 ans pour remplir une si honorable mission, n'y arriveront que pénétrés de reconnaissance envers le Monarque qui les en aura chargé. Il seront d'autant plus impartiaux pour prononcer dans ce grand différent, qu'ils ne sont pas éligibles. D'un autre côté, on ne saurait leur reprocher un manque de lumière, puisqu'ils font partie de cette classe à laquelle on peut appliquer l'axiome *in medio virtus*, qui offre tant de garanties ; lorsqu'ici le bon sens et la conscience pourraient à la rigueur suffire.

Electeur encore éligible, malgré les pertes de fortune que m'a fait éprouver une révolution que j'ai servie et que je défends comme ancien élu du peuple, je donne ici l'exemple et fais le sacrifice momentané de mon droit.

Maintenant, pour tranquilliser ceux que ma proposition pourrait inquiéter, je déclare que dans mon département (et il en sera de même des autres), on trouvera dans la nouvelle catégorie d'électeurs surnuméraires que je demande qu'on mette en action, beaucoup de ces anciens juges et administrateurs, qualifiés révolutionnaires, dont la modeste fortune actuelle atteste, en général, leur désintéressement et leur probité d'alors ; qualités qui ne sont pas à négliger par le temps qui court.

A ces gens de biens, seront réunis des notaires, des médecins, des avocats, des commerçans, des savans, des artistes, de braves militaires, où j'aperçois jusqu'à des généraux, et une infinité d'hommes éclairés qui, pour ne pas payer tout-à-fait le cens voulu par la loi, ne jouissent pas moins d'une fortune honnête et indépendante, et sont, sans nul doute, tout aussi intéressés à l'ordre public, et tout aussi propres à voter avec discernement, que la plupart des membres des colléges électoraux actuels. Je ne vois donc qu'avantages à publier ce moyen de salut public.

M. de Châteaubriant étant celui des ministres dont vous vous plaisez à rapporter les écrits constitutionnels, et me paraissant capable de seconder une grande idée, je le lui dédie, quoique certaines hérésies politiques qu'on lui attribue dans le *Journal des Débats,* m'inspirent quelques allarmes. En insérant dans votre intéressante et utile feuille les trois nouveaux passages que j'ai cité de lui, obligez-moi, je vous prie, M. le Rédacteur de lui faire parvenir par la même voie cette dédicace que je serais très-flatté qui lui arrivât en même temps que mes souvenirs de ses hauts faits.

Il ne me reste plus qu'un vœu à exprimer avant de terminer cette longue lettre sans doute; c'est que S. E. trouve ma proposition digne d'être placée sous les yeux du Monarque. Elle serait de nature, ce me semble, à balancer dans son esprit celle de la septennalité, s'il était vrai qu'on eût osé présenter à S. M. cette horrible violation de sa Charte!

Je suis avec une parfaite considération,

Votre concitoyen,

GERMAIN.

Ancien administrateur du département de Seine-et-Oise.

P. S. Dans le cas où le projet que je présente ne serait pas mis à exécution cette année, et que la malveillance chercherait à faire apercevoir dans sa publication un artifice, de ma part, pour attirer sur moi les yeux des électeurs; je déclare formellement que je me réunirai à tous les constitutionnels du collége d'arrondissement de Versailles pour réélir M. de Jouvencel, notre député sortant. Quand à des prétentions dans mon grand collége, les sentimens exprimés dans cette lettre doivent complément tranquilliser la malveillance sur leur résultat. Je me contenterai d'y vôter en mon âme et conscience en faveur de trois amis de la Charte, disposés à combattre, face à face, ses faux amis, fussent-ils dans le ministère.

www.ingramcontent.com/pod-product-compliance
Lightning Source LLC
Chambersburg PA
CBHW071701030726
47598CB00005B/2176